JN408991

농자천하지대본

농자천하지대본

農者天下地大本

진 영 학 시집

도서출판 천우

● 序文

농촌지도직에 투신하여
평생 걸어온 농촌지도사의 길

내 나라 내 민족의 배고픔 해결하고
전 인류를 기아로부터 탈출해 주기 위해
평생 바쳐 온 길에서 퇴직하고 뒤돌아본 지난날

보릿고개 겪은 세대인 우리 세대보다 작금의 세대가
등 따습고 배부르게 잘 먹고 잘사니
먹거리의 소중함을 모르고 살아가는 인생들

단군 이래
현재 살고 있는 내 나라 국민들이
가장 잘 먹고 잘산다는 소리가 귓전에 들려올 때
식량 증산을 위한 녹색 혁명
비닐하우스 재배인 백색 혁명을 직접 추진한 당사자로서
정성 다해 모를 심는 심정으로 집필한
여덟 번째 시집 독자들께 내놓는다.

2024년 7월
서정동 점촌 초승달 글방에서
저자 진 영 학

제1부

농작물의 합창

● 序文

씨앗 _ 13
고추 1 _ 14
오이 _ 15
토마토 1 _ 16
방울토마토 1 _ 17
콩 _ 18
땅콩 _ 19
고구마 _ 20
상추 _ 21
감자 _ 22
파꽃 _ 23
양파 _ 24
무 _ 25
배추 _ 26
방울토마토 2 _ 27
토란 _ 28
옥수수 _ 29
까마중 _ 30
호박 _ 31
박 _ 32
늙은 호박 _ 33
고추 2 _ 34
마늘 _ 35
토마토 2 _ 36

제2부

농사를 지으며

본능(本能) __ 39
보리밟기 __ 40
감자를 심으며 __ 41
봄나들이 __ 42
잡초 __ 43
호미 __ 44
해충(害蟲) __ 45
보리밭 __ 46
감자를 캐며 __ 47
산수유 __ 48
포도 __ 49
감나무 __ 50
감 __ 51
곶감 __ 52
홍시 __ 53
까치밥 1 __ 54
까치밥 2 __ 55
귤 1 __ 56
귤을 따며 __ 57
감귤 먹으며 __ 58
귤 2 __ 59
포도주 __ 60
못난 과일도 과일이다 __ 61
강추위 __ 62

제3부

믿음 그리고 사랑

비둘기 _ 65
닭 _ 66
타조 _ 67
텃새 _ 68
외기러기 _ 69
학 _ 70
개 _ 71
돼지 _ 72
양 _ 73
기린 _ 74
소 _ 75
갈등 _ 76
봄 병아리 _ 77
천우문학관에서 _ 78
아카시아 _ 79
이별의 아픔 _ 80
삼각관계 _ 81
창밖을 바라보니 _ 82
믿음 그리고 사랑 _ 83
훈육(訓育) _ 84
자장가 _ 85
욕망(慾望) _ 86
인공수정 _ 87
AI 방역 _ 88
바이러스 _ 89
엄마의 젖 _ 90

제4부

풍년을 꿈꾸며

청명(淸明) _ 93
농부의 삶 _ 94
식량 생산 _ 95
볍씨 담그기 _ 96
모판상자 쌓기 _ 97
못자리 하며 _ 98
초기 못자리 관리 _ 99
뜸모와 잘록병 _ 100
봄비 _ 101
경운 작업 _ 102
논두렁 _ 103
새참 _ 104
풍물愛(애) _ 105
풍년을 꿈꾸며 _ 106
모내기 _ 107
행복 전도사 _ 108
물꼬 _ 109
기아(饑餓) _ 110
오색미 _ 111
가을 장마 _ 112
농번기 _ 113
벼 수확 _ 114
수확의 계절에 _ 115
쌀 _ 116
소중하니까 물어본다 _ 117
진리(眞理) _ 118

제5부

쓸모없는 삶은 없다

천명(天命) __ 121
창순루 __ 123
귀농 1 __ 124
텃밭농사 __ 125
상강(霜降) __ 126
교훈(敎訓) __ 127
귀농 2 __ 128
어떻게 할까요 __ 129
원죄와 무죄 __ 130
달집태우기 __ 131
쥐불놀이 __ 132
쓸모없는 동식물은 없다 __ 133
겨우살이 __ 134
동행 __ 135
새싹 __ 136
은행나무 __ 137
무궁화 __ 138
콩나물 __ 139
향나무 __ 140
모정(母情) __ 141
원두막 __ 142
농부 __ 143

제1부

농작물의 합창

씨앗

꿈을 꾸면
언젠가 이루어지듯
네 안에 내가 있어
소리 없는 사랑이
잉태한 생명

홀로 살면
볼 수 없는 인연
서로를 배려하고
주고받다 보면 맺는
영원한 유전 인자

고추 1

첫 몽우리가 매달리기까지
80여 일의 사투
초경을 치르는 미완의 처녀처럼
고통을 감내해야 하는 세상으로
첫발 내딛는다

온실에서의 삶을 떠나
뜨거운 태양 빛에 타들어 가고
비바람 태풍에 시달려야 하고
그 고통을 헤쳐 나가야 하는 삶
새로운 세계에 적응해야 하는 두려움
숙명이라 생각하고 산다

오이

주인이 돌아간 오이 재배 하우스엔
밤마다 어둠 속에서 키재기 한다

낮 동안 사랑 가득한 손길 받으며
남몰래 가슴에 품어온 그리움

검게 그을린 주인아주머니
예쁜 얼굴 위해 쑥쑥 자란다

토마토 1

얼굴이 붉어진 나는
혼자 붉어지지 않았다
잠이 덜 깬 이른 아침 다가와서
허락도 없이 손길 주었다

커 가는 몸에 맞는 영양제로
튼실하게 자라게 하고
꽃가루받이
잘해 주는 수정벌도 잊지 않았다

잘 익어가는 것에는
나 혼자만이 애쓴 것이 아니다
물과 빛과 님의 손길이
하모니 이루고
건강하게 자라라고
흙이 지탱해 주고 바람이 흔들어 주었다

예쁘게 포장한 모습으로
그대에게 다가갈 수 있던 것은
따스한 손길이 있었기 때문이다

방울토마토 1

내 몸이 작다고
작게 보지 마라

비록 몸은 작지만
커다란 토마토보다
단단하게 오래 산다

내 몸이 작다고
작게 보지 마라

가슴은 호수 같아
넓은 아량 베풀고
즐거움 캐주며 산다

콩

너무 일찍 서두르면
키가 웃자라 쓰러집니다

너무 늦게 심으면
열매가 적어 실망합니다

마늘 수확 후 파종하면
누이 좋고 매부 좋습니다

왜냐면 2모작 재배가
농업 소득 높으니까요

땅콩

텃밭에 작은 마을 이루고
단단하게 지은 소박한 집엔
님이 펼쳐 놓은 삶이 있다

꿈 키웠던 아름다운 청춘
실타래 풀어 나온 삶
마무리해야 할 이야기

사랑이 익지 않았을 터인데
여닫이문 없는 한 울안
세 들어 함께 기거하고 있다

고구마

늦서리 지나가는 5월의 어귀
두더지가 쌓아 올린 굴처럼
검은 비닐 씌운 높은 이랑

검지 굵기 곧은 막대기로
비스듬히 비닐 안으로 밀어 넣고
연약한 싹 뿌리내리게 한다

가을로 접어드는 길목 어귀
성숙한 모습으로 자라난 고구마
만백성 기근 해소시킨 구황작물

그 무용담 아직도 전해지고 있는데
보릿고개 모르고 자란 우리 사랑들
몸 생각하며 간식으로 찾는다

상추

한땐 고기로 쌈 싸던
호사 누린 적도 있었다

때론 퇴비장에 쌓아올린 탑
비애의 시절도 있었다

바람 앞에 등불처럼
간사한 경제 논리에 결정되는 희로애락

마음 약한 농부 마음 헤아리며
남몰래 키운 부드러운 가슴

오늘 밤도 사랑 실은 싱싱한 기운
농부 가슴에 행복 안기는 꿈꾼다

감자

싱그러운 여왕의 계절
푸른 들 모서리
아카시아 향에 취해
사랑이 넘쳐나는 산 밑 황토밭
노루가 넘나드는 곳엔
오신 님 맞아 자줏빛 감자꽃 피우고

그리운 정으로
땅속에 태양의 씨앗 키우며
밤이면 떠나가는 님 기다리다
잠 못 이루며 흘리는 눈물
이슬이 되어 잎 끝에 맺힐 때
내 사랑하는 님은 이 마음 언제나 아실 거나

파꽃

몸체보다 큰 눈덩이
몸을 뒤덮고 있는
한겨울

푸른 시절에
무겁게 짐을 지워 주었다면
버티어 낼 수 있었거늘

뼈대와 가죽만 남은
기력 없는 삶에
올려준 천근만근 짐

떠나갈 마당에
그 짐 짊어지게 하면
고꾸라질 수밖에 없다

양파

알 수 없는 네 가슴에
내 마음 던져본다

알면 알수록
알 수 없는 네 가슴엔
잔물결조차 일지 않아
그대 향한 가슴 애태우고
주고 또 주는 내 사랑
하염없이 받아들이는 블랙홀

아 사랑이란
이토록 알 수 없는 것인가
알면 알수록
알 수 없는 것이라서
죽는 날까지 화두 잡는가

무

장다리는
혹한을 겪어야
님 만나
열매 맺을 수 있다

고품질 무는
땅 살 좋은 밭에서
보살핌받아야
가치를 높일 수 있다

농부는
생산한 농산물
제값 받고 팔아야
행복을 누릴 수 있다

배추

묵은지처럼 깊은 정 나눌 수 있는 사람이라면
나는 좋아한다

속이 알차 변함없는 마음을 가진 사람이라면
나는 좋아한다

속이 알차고 깊은 정 나눌 수 있는 사람이라면
나는 더더욱 좋아한다

좋아하는 사람들이
온 누리에 정으로 핵분열 일으키며 행복한 삶 살길
나는 기원한다

방울토마토 2

내 마음이 온실 안에
주렁주렁 매달려 있네요

맛 좋게 익은 열매
바구니 가득 담았습니다

한 알 한 알 딸 때마다
그대 마음이 다가와
가슴 가득 채웠지요

높아 가는 공든 탑
행복 미소 넘쳐흐릅니다

토란

비 오는 날
내 가슴으로 오시면
찬비 맞지 않게
나는 그대 위해
우산이 되어 주겠소

햇볕 뜨거운 날
내 가슴으로 오시면
더위에 땀 흘리지 않게
나는 그대 위해
양산이 되어 주겠소

옥수수

살아 온 내 삶 발가벗겨 보고 싶다
그대 사랑이 내 가슴에
별처럼 박힌 것을 확인하고 싶다

별이 빛나는 한여름 밤 원두막에 누워
하모니카 하나 입에 물고
그대 가슴에 사랑 노래 연주해 주고 싶다

까마중

텃밭 가는 길가
터 잡고 자라는 인리식물(人里植物)*
나만 바라보고 산다

한여름 꽃 피우고
익어 가는 가을
내 손길 그리워서일까

달달한 까만 열매
매달아 놓고
내 입술에 젖고 싶나 보다

* 인리식물 : 사람들이 많이 사는 동네의 밭이나 길가에 자주 보이는 식물. 터주식물이라고도 함.

호박

온 누리 백성을 사랑하여
하늘같이 넓은 가슴 지닌
꿀 가득 채운 꽃

벌 나비 날아들면
곳간 채울 식량 나눠 보낸
달 밝은 가을밤

이웃집 창 너머에선
가슴 애태우며 들려오는
며느리 대 잇는 소리

농익은 열매 맺는 이 가을
솥단지 물들인 노란 호박
이 세상 별이 되어 빛난다

박

그대의
바다 같은 마음
이해하지 못한 난
그대 지붕 아래서
사랑 담긴 복(福)
가득 채우렵니다

그대의
산같이 큰 가슴
헤아리지 못한 난
그대 하늘 아래서
정(情) 가득 채우며
동행하렵니다

늙은 호박

초가지붕에 올라앉은
노오란 황금덩어리

지금은 볼 수 없는
깊은 가을의 옛 정취

산모의 산후조리 위해
붓기 가라앉혀 주었던 예전

5일장 장돌뱅이로 굴러도
거룩하게 몸 바칠 곳 없다

고추 2

거둬들일 때가 된 고추
심은 것이 엊그제인데
빨갛게 익어가고 있다

태풍에 쓰러지지 않게
기댈 수 있는 줄 매주고
무럭무럭 자라길 바라며
병해충도 방제해 주었거늘

이랑에 떨어진 아픔
내 가슴에 묻어주고
따갑게 내리쬐는 햇살 받으며
어서 익어가길 바랐다

뜨겁게 살아온 너
언제까지 내 민족 핏줄 타고
불타는 맛 이어가려 하느냐

마늘

한쪽 마늘은 불우 이웃 돕기 김치 담그고
두 쪽 마늘은 부모님 댁 김치 담그고
세 쪽 마늘은 동생네 김치 담그고
네 쪽 마늘은 자식네 김치 담그고
다섯 쪽 마늘은 우리 집 김치 담그고
남은 한쪽은 내일 위한 종자로 심는다

토마토 2

전시대 위 토마토
잘 익어 먹음직스럽고

토마토 즐긴 나는
몸 건강해져 행복하고

제2부

농사를 지으며

본능(本能)

하늘이
태양 빛 내려줄 테니
굶지 말고 살라 하네요

그 빛 아래서
땀방울 흘렸습니다

먹고 살아야죠

보리밟기

밟혀야 일어설 수 있다
밟혀야 하늘 향해 오를 수 있다
밟히지 않은 삶은
성급하게 뻗은 뿌리가 추위에 얼 수밖에 없고
드러난 속내가 봄바람에 마르면 꿈을 이루지 못한다
밟아주는 마음이 뿌리로 전해져 맑게 갠 봄 맞이하면
집 없는 노고지리 둥지 틀어 새 생명 잉태시키는 보리밭
우리네 삶은
이웃에 거슬린 언행으로 밟지 말아야 한다
피어나는 청춘 밟지 말고 용기 주어야 한다
어려운 삶이라도 살아보면 살 수 있다고
확신에 찬 희망 어린 삶 가슴에 심어 주어야 한다

감자를 심으며

텃밭에 이랑 만들고
씨감자 심었습니다

마음 한구석
뿌듯하게 스며왔지요

텅 빈 그대 가슴에는
사랑을 심겠습니다

봄나들이

그대가 보고 싶어
봄 길 걸었습니다

따스한 봄바람도
내 마음 따라 걷네요

손잡고 거닐면
기쁨이 함께하겠지만

졸음에 겨운 그림자
발끝 잡고 동행합니다

잡초

삶을 살아간다는 것이 이렇게 힘든 줄 몰랐습니다

혼자로 태어나 한 사람 만나 여럿 거느리고 사는 것이 덧없는 인생길이라 미리 말 해주었더라면 살뜰히 챙겨 힘들 땐 쉽게 넘어갈 수 있는 역량 키웠을 텐데

살아오며 힘들기보다는 즐거운 날이 더 많았던 것 같아 다행이라 여겨집니다

이 풍진세상 살면서 엮어가는 인생이 하등 백성으로 태어난 이름조차 없는 풀꽃이라도 세상을 불밝히기 위해 쉼 없이 노력하는 자가 되어 소금이 되고자 꽃도 피우고 있습니다

삶의 길이 힘들고 많은 일 겪었지만 사랑하는 님들이 곁에 있어 행복했습니다

때론 격한 대화와 믿음이 살짝 식을 때도 있었지만 가슴에 생긴 상처와 아픔은 더욱 사랑을 공고히 해주어 깊은 정으로 살게 되었나 봅니다

이승이 내 곁에서 떠나는 날까지 모두를 아끼고 아껴서 사랑이 충만한 삶을 펼쳐주어 행복에 겨운 삶을 살도록 해주렵니다

호미

콩밭에 쪼그리고 앉아 말 걸어옵니다
뒤집어씌운 풀이 짓누르며
바람 소리 맞춰 춤추어도 괜찮냐고

답답하게 눌려 숨통 트여줄 삶에
또다시 말 걸어옵니다
시원한 맛 안겨주지 않아도 되냐고

그림자도 없는 오뉴월 땡볕
땀샘 열리는 소리 귓전 들려오고
눈 밖에 난 바람 보이지 않는 날
하염없이 손잡이 잡고 흐릅니다

고단하게 두더지처럼 땅 헤집으며
영양분 침탈하는 무법자에
서슬 시퍼런 도끼눈 뜬 날 끝
입에선 단내와 쓴내가 속삭입니다

세상에 필요 없는 것이 없다 하여도
콩밭에 뿌리내리고 정착한 잡초들
손뼉 치는 콩잎 사이 이랑에
흰 뿌리 일광욕시키고 토닥여 재웁니다

해충(害蟲)

온 누리 삶 건강 위해
정성 들여 작물 키운다

낯선 훼방꾼 잎줄기 눌러 앉아
배 가득 채운다

나는 세상에 즐거움 못 주었는데
편안히 행복 갉아먹는 넌

양심을 저버린 채 살아가는
어찌 할 수 없는 이단자

보리밭

보리가 이른 봄
노란 머리로 물들였습니다

푸르던 머리
엄동설한이 염색시켰군요

춘삼월 따스한 기운 받아
푸른 싹 올리는 것 보니

꿈꾸고 있나 봐요
풍요로운 들녘

감자를 캐며

호미로 땅을 파면
손목이 아파오지만
먹거리 훼손 적고

삽으로 땅을 파면
쉽게 캐낼 수 있지만
껍질에 상처가 많다

산수유

봄은 요술쟁이
숨겨놓은 내 마음
살짝 들여다보고
산모롱 고갯길서 겨울난
층층나무과 낙엽교목(落葉喬木)*
불타는 가슴 어루만지고

님 생각에
엄동설한 가슴 끓인
따스한 이야기
노란 보따리에 담아놓고
따스한 정
온 누리에 전해준다

* 낙엽교목 : 가을이나 겨울에 잎이 떨어져서 봄에 새잎이 나는 교목. 참나무, 밤나무 따위이다.

포도

포도알이 송알송알
매달리는 희망의 계절
달빛에 맺힌 내 마음이
그리워하는 가슴앓이
날이 새면 님은 알까
가슴 달군 이야기

포도송이 주렁주렁
익어가는 뜨거운 계절
반짝이는 송이마다
내 마음에 앉은 그리움
노을이 물들면 님은 알까
기다린 뜨거운 사연

송이송이 담긴 사연
귀 기울여 듣는 이야기
투명한 가슴에 실어 나르던
해맑은 그대 마음
지극정성 깨운 생명
몸 살라 울궈낸 사랑이어라

감나무

뉴턴의 만류인력 법칙
사과나무에서 이치 깨달았는데
나의 집 감나무
그 이치 알려주지 않아도
살기 위해 몸부림친다

떨어뜨려야 살 수 있고
떨어뜨려야 익어 갈 수 있는 법칙
명주실로 하나 하나 매달 수 없는
파란 하늘 가을 속 물들어 가는 삶
어미는 제 살길 위해 애증을 떨군다

감

나의 집 감나무에 땡감
홍시가 되어 가면

울 밖 낮은 곳에 달린 감은
이웃집 할아버지 할머니 몫이고

높은 가지 위에 달린 감은
한겨울 허기진 새의 몫이고

울안으로 달린 감은
내 사랑하는 가족의 몫

그중에 내 몫은
사랑하는 님께 보낸다

곶감

어느 별이 내려와
나의 집 울안
가슴에 박히었을까

누구의 마음이
우리 집으로 전해 와
따스함 전해 주었을까

찬기 어린 계절에
울 넘어온
이웃 사랑

온 가족에 전해 온
따스한 정(情)
가슴 가득 채워본다

홍시

벌써 가슴에 불을 붙였구나

가을이 떠나갈 길 아직도 멀기만 한데
가슴이 뜨거워져 있구나

청춘이 떠났다고 포기하지 마라
청춘은 우주계로 찰나에 지나지 않는 것

네 분신이 지구와 함께 동행하길 기원해라
그것이 네가 영원히 사는 길 아니겠는가

까치밥 1

아무리 배가 고파도
감나무 꼭대기 매달린 감
따 먹지 않으련다

나야
요깃거리가 될지 모르나
날짐승에겐
빈궁기 생명 줄

까치밥 2

감나무 끝에
내 마음이 달려 있다

밤하늘 달을 닮아
고요한 가슴을 지닌

때론 넉넉한 태양을 닮아
사랑이 가득 찬 그 마음

찬바람이 거셀수록 솟구치는
따스한 정(情) 달려 있다

귤 1

노란 가슴에
상현달 하현달이 떠 있다

비좁은 공간에서
보름달 꿈꾸는 작은 조각달

둥근달이 될 수 없는 아픔
가슴에 작은 알갱이 채웠다

톡 터지면 새콤달콤한
비타민 C의 보고

귤을 따며

노랗게 익은 귤을 딴다
비닐하우스 안에서
잘 익은 입맛 생각하며 딴다

바다 건너 제주 귤밭이야
노지 재배에도 익어가지만
육지에서는 그러할 수 없다

스마트 팜 농법으로 관리하는 온실
첨단화된 과학영농의 산실에서
생산되는 노랗게 익은 귤

내 인생을 걸고 재배한 귤
우주 공간에서도 쓸 수 있는 기술
그 농법으로 재배된 귤 수확한다

감귤 먹으며

따뜻한 남쪽 나라 귤밭에
노란 빛 비춰 주었나 보다

벗기어진 껍질 안에
탱글탱글한 속살
칸칸마다 채워 놓은 태양
노란 마음 물들였나 보다

톡톡 터지는 가슴마다
혀끝을 자극하는 시큼함
용솟음치는 액체가 흘러넘쳐
폭포를 이루는 입술

한겨울 거실에 앉아
온기를 찾는 네 가슴
벗기고 또 벗긴다

귤 2

나의 맛 느끼려면 허물을 벗겨야 한다
허물어진 벽 안에 도토리 키 재기 작은 방은
얇은 막으로 둘러싸인 칸칸마다
새콤함이 담긴 꽈리들로 채워져 있다
내 사랑을 탐하려면
여리고 예쁜 손끝으로 지난 기억 열어보고
때로는 투박하고 단단한 허물 벗겨야 한다
벗겨진 나신의 몸에서
그대 위한 인생의 비타민 샘솟게 하고
에너지가 넘치는 삶을 살아가게 한다
신이 내려준 빛이 혀끝에서 터지면
농부가 흘린 땀방울이 온 몸 적시어 준다
한 칸 한 칸 허물 벗는 그리움
내 심장에서 핏줄 타고 기다림을 벗긴다

포도주

가슴을 열고
분위기 세운 목 긴 잔
후각이 와인향 맡는다

전해 오는 순한 너의 속내
목젖을 타고
가슴 깊이 다가오면

사랑이 여물며
깊게 익어갈 마음
잔 부딪히며 나눈다

못난 과일도 과일이다

로컬 푸드 직매장 좌판대에 생겨난 작은 산 하나
상품 값어치 떨어지는 떨이라는 가명을 쓴 과일 매대
고가에 선택받은 귀한 대접 받는 과일이 못 되고
제멋대로 생긴 모양과 모습에 하대를 받고 있다
나는 산을 헤쳐 맘에 드는 과일 시장 가방에 담는다
선택받은 과일이라야 내 마음에 드는 것뿐
나일론 가방에 안기며 고맙다는 인사를 하는 듯하다
골라낸 과일처럼 세상을 살기 위해선 많은 사람 중
나도 선택받아야 한다는 사실이 슬픔으로 다가온다
이 사회의 구성원 한 사람으로 행복 찾아 살아왔는데
내 의지가 아닌 타인의 선택에 인생이 결정되는 현실
귀한 대접 받고 사는 금수저처럼 살지 못하는 삶이지만
시장 가방에 가득 담긴 과일 중 하나를 깎아 맛을 본다
겉모양이야 못났지만 낙점된 과일의 맛도 똑같다

강추위

뽑지 않고 밭에 놓아둔
김장하고 남은 무 한 두둑

보온 비닐 씌웠다고
얼지 않는다는 보장 없다

걱정이 태산 같은
올겨울 북극 한랭 전선

제3부

믿음 그리고 사랑

비둘기

평화를 전도하는 너는
날개가 있어 좋겠구나
두 날개로 힘차게 날아올라
내 가고픈 고향 산천
자유로이 넘나들며
그곳 소식 그리운 사람들
귀 열어 향수 채워주고
잃어버린 역사 이어주며
갈 수 없는 한스러움
다독여 주는 너이었기에
세상 사람들은 말한다
평화의 전도사

닭

일어나라
일어나라
새벽이 밝아오니 논밭 갈려면
어서 일어나라

어서 일어나
중천에 해 떠 오르기 전에 논 갈고
시간이 남거들랑 고추밭이랑 세우고
외양간 누렁송아지 꼴 베다 주고
날마다 홰를 쳐주는 날 위해
흰 쌀 먹이통에 모이 준다면
나는 당신의 건강을 채워 드리리다

어서 일어나라
자명종이 울리면 내 할 일 없어지니
내일로 미루지 말고 어서 일어나라

타조

나는 보지 못했습니다
당신의 잘못을

남산만 한 몸이지만
무서움을 많이 타는 탓에
풀섶에 작은 머리 감추고 보니
무슨 일이 일어났는지
볼 수가 없었습니다

당신이 잘못했다면
분명 하늘님은 보았을 것이고
먼 나라 별님도 보았을 터이니
남이 보지 않는 곳에서 벌인 일이라도
용서를 구하는 지혜가 필요합니다

내가 보지 못한 것은 잘못이지만
당신이 당신을 속이는 것은
당신 스스로 죄업의 늪에 가두고
이승을 떠나는 날까지 옥죌 거외다

텃새

짚동가리 틈에
전세살이 한 적 있지요

지금은
사람 사는 집 근처
살고 있습니다

함께 놀던 아이들
집안에서만
놀고 있으니까요

외기러기

세상에는
지구를 가득 메운 인연들이 살아간다

혼자이기를 거부하고
페로몬 향기에 취해
님과 함께 언약하고 산다

길을 가다 보면 만나는
홀로 사는 외기러기

운명을 만나지 못한 평범한 삶도
님 찾아 외로운 날들 보내겠지만
언제나 보여지는 뒷모습의 쓸쓸함

혼자 사는 삶이 행복하다는
그들을 향한 편치 않은 내 마음
외기러기들은 알기나 할 거나

오늘도
가족과 둘러앉아
함께 살아가는 행복 일군다

학

진위천 물가에
학 한 마리가 서 있습니다

먹이를 찾는가 싶어
자세히 보니
님 기다리나 봐요

먼 하늘 바라보는 눈빛이
물빛 따라 흐릅니다

개

반려견이
예쁨받고 싶어
애교 떨면
사랑스럽고

나는
그 모습
가슴에 담고 싶어
사랑 나눠주고

돼지

주는 먹이만을 먹으며 살찌워 가는
좁은 공간에선 옆을 볼 수 없는 삶이
이어지는 어둠침침한 생활 연속되고
오로지 주인의 눈동자와 마주쳐야
하루의 일상을 마치는 휴식의 시간
체중은 쉬지 않고 온몸으로 늘고
파란 하늘 눈부신 태양 한번 바라보면
사라져 갈 운명으로 태어난 서글픔
차라리 저금통으로 태어났어야 할 것을
나는 죽어서 이 세상에 살아 있을 테니
너는 살아서 속죄하고 뉘우치며 살아 다오

양

신께서 즐기시던 흰 옷을 입고
이 땅에 평화로움 퍼뜨리던 넌
순수 혈통 평화주의자였나 보다

세상의 죄업이 너무도 크고 많아
인간들의 죄를 씻어주기 위해
인신 공양 대신 널 산화시켰나 보다

그 거룩하고 숭고한 너의 정신은
평화로운 이 세상 이웃을 사랑하며
행복하게 살라는 메시지였구나

기린

모가지가 길면서도 길다 못 하고
높은 하늘에서 내려다보는
네 가슴이 얼마나 아프더냐

사슴만 보고 살아온 여류시인은
네 모가지가 긴 것을 모르고
그렇게 표현했나 보다

모가지가 길어서 멀리 볼 수 있어
네가 지닌 세상 보는 혜안으로
아프리카 초원을 지키는 파수꾼

소

한가롭게 앉아
돌이켜 보는 지나온 삶
되새김질한다

살아서
뼈 빠지게 일해
가시고기처럼 다 주었으니

죽어서
그리워 잊지 말라고
북이라도 남겨 주련다

갈등

닭장 속에 암탉이
알을 낳았습니다

살며시 손을 넣어
따스한 계란 꺼냈지요

반찬을 만들려다가
부화기에 넣어주었습니다

봄 병아리

갓 태어난 병아리가
봄마중 나왔습니다

어미는 어데 가고
홀로 세상 거니느냐

때 이른 용기야
호연지기 심어주지만

사진 속 예쁜 모습
영원하길 빌었습니다

천우문학관에서

작은 생명들이 나들이하는
천우문학관 앞뜰 텃밭
먹이 찾아 부지런히 모이를 쫀다

코로나19가 온 천지를 덮어도
어미의 부리 쫓아
배워가는 삶의 체험 현장

도회지에서 찾아온 사진작가
신기한지 카메라 셔터 누르고
깜짝 놀란 장닭 목청 돋우는데

삶과 죽음의 화두 익혔는지
어미 품으로 숨어버린 작은 생명
깃털 사이 고개 내밀고 졸고 있다

아카시아

토끼는
아카시아 잎 세면서
한 닢 두 잎 따먹고

나는
아카시아 꽃 따서
꽃떡 만들어 먹는다

토끼는
아카시아 잎 따먹으며
셈 공부하고

나는
아카시아 꽃떡 먹으며
먹거리 해결한다

이별의 아픔

돼지가
밥 달라고 꿀꿀거립니다

밥 잘 먹고
잘 크면
이보다 좋을 순 없지요

하지만
기뻐할 수 없었습니다

삼각관계

나의 집 단풍나무
비둘기 세 마리가
사랑에 빠진 아침
님 찾아 기쁘다고
구구구 구구구
님 잃어 슬프다고
구구구 구구구
기쁜 노래
슬픈 노래
울안 가득 퍼진다

창밖을 바라보니

향나무에 앉은 까치가
집 한 채 입에 물고 있다

따가운 햇살과 비바람
온몸으로 견디어야만 했던
얼기설기 엮은 둥지

깃털에서 태어난 자식
날개 털고 제 갈 길로 떠나고
텅 빈 보금자리 수리하는 어미

나뭇가지 입에 겨운 날갯짓
고장 난 로봇처럼 움직이는데
하늘 맞닿게 살아갈 수 있을까

믿음 그리고 사랑

까치 한 마리가
믿음이 깊어서인지
달 모자 쓰고 있다

『하나님이 세상을
이처럼 사랑하사
독생자를 주셨으니
믿는 자는
영생을 얻으리라』

요한복음
3장 16 · 17절 읽고
고민하는 것인가

사랑이 깊은 님은
지구 멸망
그냥 두고 볼까

훈육(訓育)

철없는 아기가
둥지를 벗어났습니다

세상 물정 몰라서인가
길가서 철없이 뛰어노는군요

깜짝 놀란 어미
가슴이 타들어 가는지
교육을 시켜주려나

목소리 키워가며
안전지대로 인도합니다

자장가

전깃줄 까마귀 떼
작곡을 합니다

네 박자 그려보고
두 박자 맞춰보고
반 박자 쳐보지요

오선줄에 줄지어 앉아
높은음자리표
낮은음자리표 연주에 맞춰
자장가 부릅니다

욕망(慾望)

농업 생태원에
봄의 교향곡이 울려 퍼집니다

겨우내
평택호 깊은 물속에서 살다가
교포천* 찾아온 바람난 잉어 떼
용수로 거슬러 올라왔네요

4월의 나른한 봄 기온에
졸리운 미간 치켜뜨고
붕어빵 유전인자 꿈꾸는가
수초더미에서 물보라 일어납니다

* 교포천 : 평택시 오성면 양교리에서 발원하여 당거리에서 안성천으로 합류하는 지방하천

인공수정

사랑이 없어도
사랑을 얻을 수 있는 일

신이 하사하신
고귀하고 숭고한 사랑
느끼지 못하고
씨앗을 품는 일탈의 행위

에스트로겐
테스토스테론
프로게스테론 흐르는 세계

자연 섭리를 바꿔도
원초적 본능이 없어도
사랑은 태어나더이다

AI 방역

실개천 기러기들
자맥질에 놀라
천변을 살폈습니다

먼 나라에서
바이러스 벗 삼고
가족여행 왔나 봐요

내 생계가
3km 안에 있으니
어서 떠나라 했지요

바이러스

럼피스킨병* 바이러스가
시골마을 구석구석 찾아다닌다

건강 관리 게을리한 삶에
살 떨리는 저승사자 찾아오고

삶과 죽음 판정하는 심판관
스스름없이 날인해 주는 생사침탈권

나는 바이러스가 의심되어
동네병원에서 병명을 진단받는다

* 럼피스킨병 : 럼피스킨 바이러스에 의해 소와 물소 등에서 발생하는 급성 감염증.

엄마의 젖

우유를 먹고 자란 아이는
엄마가 소젖 먹여 키워서
엄마 부를 때 나는 소리가
음메 하고 들리는 것 같고요

엄마 젖 못 먹은 얼룩송아지
주인이 주는 이유식으로 자라
엄마 부를 때 나는 소리가
우유 하고 들리는 것 같다

엄마 젖 먹고 자란 아이는
엄마 심장 소리 들으며 자라
엄마 부를 때 나는 소리가
엄마 하고 똑똑히 들린다

제4부

풍년을 꿈꾸며

청명(淸明)

농사일 시작하려 삽 들고
논두렁 손질했습니다

입춘이 지난
춘분과 곡우 사이
농사력 5번째 절기

논물 가득 가두고
풍년 농사 꿈꾸었습니다

농부의 삶

볍씨를 맑은 물에 담갔습니다

그대와 행복하려고
못자리 준비했습니다

벼가 자라
결실 거두어들이는 가을
까만 얼굴에 꽃이 핍니다

삶의 희망이 보입니다

식량 생산

마른 볍씨
맑은 물에 담갔습니다

미동조차 없는 벼알
실눈 뜨고 살아나겠지요

아버지의 그 아버지
어머니의 그 어머니
보존했던 유전자

신석기 인류 때부터
농경 정착하여
싹 올려 전달했나 봅니다

볍씨 담그기

벼 잎 3매 나올 때까지는
벼 알 속 양분으로 자란다

충실한 종자는
1년 농사 성패 좌우하므로
물 한 말에 소금 4.5kg 타서
소금물가리기 해야
세균성벼알마름병 걸리지 않은
충실한 종자 고를 수 있다

키다리병, 도열병, 깨씨무늬병
그리고 벼 이삭 선충
작물보호제로 소독하고
약기운 씻어낸 후 볍씨 담그거라

물 온도에 알맞은 기간 동안
씨앗 담그기 하고
매일 맑은 물로 갈아주어야 한다

모판상자 쌓기

모판에 뿌릴 볍씨로
술 담그지 마라
볍씨가 누룩처럼 뜨면
술 마신 싹이 기력 잃고
푸르게 자라지 않는다

깊이 묻힌 볍씨는
늦게라도 뿌리 힘으로
파랗게 올라오지만
술에 절은 볍씨는
누렇게 탈색되어
삶을 중지한다

상자 쌓기 후 오밀리(5㎜)
싹이 올라오거든
더 크길 기다리지 말고
어서 본 포장에 내가거라

못자리 하며

못자리를 한다

갓 태어난 아가처럼
여리고 여린 싹
곧게 서도록 펼쳐준다

어둡고 습한 보육실
예방주사 맞지 않아
하얗게 핀 곰팡이
여린 피부에 가득
살갗 좀먹는 균사체

더운 날 오기 전에
어릴 적 살아가는 세상
구석구석 소독해 준다

초기 못자리 관리

논바닥에 모판 펼치고
물 한번 충분히 먹인 후
5일간 물 대지 마세요

너무 사랑한 나머지
물 대준다면
숨통 조이는 것입니다

뜨겁고 건조하거들랑
3일째 되는 날
살짝 모판 헤집어 보세요

물기가 없으면 도랑에 물 채워
모판상토에 스며 올라오면
도랑물 뺀 후 관리하세요

모 잎이 세 잎 되거든
침수시키지만 말고
마음대로 물 조절 하세요

뜸모와 잘록병

잎이 말라 위조가 되면
눈으로 확인하기가 어려울 땐
과감하게 모를 뽑아 보라

뿌리까지 뽑혀 나오면
그것은 뜸모이고
뿌리 없이 끊어져 나오면
그것은 잘록병이다

위조가 심하면
소생이 어려운 만큼
새로이 못자리하는 것이
현명한 방법이다

봄비

비가 내린다
기다리던 비가 내린다
장작불 불쏘시개처럼
바싹 마른 산하
단비가 내린다

비 오는 너른 들녘
삽 메고 나간 일터
물꼬* 막아 물 가두고
빗물이 새지 않도록
논두렁 쌓아 올리며
풍년 농사 기원 한다

* 물꼬 : 논에 물이 넘어 들어오거나 나가게 하기 위하여 만든 좁은 통로

경운 작업

트랙터 소리
들녘에 들려오면
봄은 어김없이 다가옵니다

곳간 가득 채울 양식
뿌리 깊이 내리라고
역동적인 힘 쏟지요

우리들의 먹거리
생명 창고 준비하는
희망의 노래입니다

논두렁

당신이 물이라면 나는 논두렁 되렵니다
그대 품서 자라는 생명들 목마르지 않게
물 한 방울 새지 않는 울타리 되렵니다

당신이 물이라면 나는 논두렁 되렵니다
가슴 아파 흘리는 눈물 있으면 받아주고
힘에 겨운 땀방울로 희망을 키우렵니다

당신이 물이라면 나는 논두렁 되렵니다
논두렁이 무너지는 날 온 누리 사람들
즐겁고 행복한 삶 가득 담아 드리렵니다

새참

창밖의 하늘이
회색빛 구름으로 드리워지면
골골이 붉게 타들어 가는
목마른 산하에 몰고 오는 봄비

한줄기 소낙비가 아니더라도
촉촉한 가슴 열어주면
내 사랑하는 님은 기쁜 마음으로
너른 들 메마른 논에 나간다

이 나라 백성 위한 식량의 보고
내리는 소중한 빗물 가두었으니
지난해 거두어들인 풍년 쌀로
허기진 마음 따뜻하게 채워 줘야겠다

풍물愛(애)

길놀이에 문이 열리고
천지신명께 복을 축원하던 날

고요한 하늘
꽹과리가 일으키는 천둥소리에
바람을 부르는 징소리
북소리 구름을 몰고 와
장고 소리 비를 뿌려 주었다

덩실 덩실 들썩 들썩
한 마음으로 이끌어
블랙홀 되어 빨아들이니
새 세상 창조하려는가

가슴이 뛰고
심장이 떨리었던 자리
노을이 사라지는 날까지
풍물 소리 이어가라

풍년을 꿈꾸며

모내기를 한다
너른 바다 펼쳐진
들녘에서

황금물결 가슴에 품은
내 사랑하는 님이
바둑을 둔다

모내기

소만(小滿) 지절이 지나가는 들녘에선
땅따먹기 전쟁이 한창이고
싱그런 초여름 햇살이 물빛에 출렁인다

부지깽이도 일손 거둔다는 농번기
승용 이앙기 위에는 내 사랑하는 님이
빈들 구석구석 새 생명으로 넓혀갑니다

나는 논두렁 옆 수로 물로
모판상자 닦으며
마음속으로 기원하는 굶주림 없는 세상

황금물결 이루는 넓은 뜰에서
풍년 농사 바라보며 행복에 겨워하는 님
함박웃음 짓는 모습 그려 봅니다

행복 전도사

너른 논에
내 마음 담았습니다

이 민족의 생명 창고
깊이 뿌리내렸습니다

살며 살아가며
모두가 행복한 삶

이 땅에 땀 흘려
그대를 채워주렵니다

물꼬

논에 물이 들어오도록
막아 놓은 어귀 열어놓고

철조망에 가로막힌 남북
꽉 막힌 대화 시작하고

글을 쓰다가 헝클어진 매듭
이야기 실마리 풀어 나가고

사랑하는 님과 다툰 사랑싸움
정으로 다스리며 헤쳐 나간다

기아(饑餓)

저 푸른 바다는
식량의 보고(寶庫)

내 사랑하는 님이
사랑하며 살핀다

님이 흘리는 눈물
이 세상에 없음 좋겠다

오색미

하늘이 논바닥에
예쁜 그림 그렸습니다

늦가을에
논 그림 거두어들였지요

식탁에서
눈요기 식사도 하니
건강 밥상 홍보할까요

가을 장마

곡식이 여물어 가는 계절에
철없이 내리는 비

농부 가슴 애태우며
풍년 농사 훼방하려는 듯 온다

속이 까맣게 타들어 가는
만백성의 식량 창고

농번기

깊어가는 계절에
단풍놀이 가고 싶은 내 마음
들녘에 걸어 놓는다

먹을거리가 부족했던 시절엔
언제나 행복했던 시기
다가온 그 계절 앞에 서 있다

산야에 오곡백과 풍성해지고
가슴 뿌듯하게 알곡 차오르면
수확의 기쁨이 강을 이룬다

부지깽이도 일손 돕는 일철
단풍은 철없이 물들어 가지만
울안 창고엔 행복이 높아간다

벼 수확

고개 숙인 벼가
들녘에 서서 님을 기다립니다

불룩하게 튀어나온 배 자세히 보니
물 닿으면 여린 싹 나올 듯하군요

익어가는 모습 보고 방치할 수 없어
울안에 세 주었습니다

수확의 계절에

들녘에 나가 곡식이 익어가는 소리 듣는다
들녘에서 익어가는 소리 들으며 행복에 젖는다
곡식이 익어가는 계절은 기쁘고 바쁘다
먹고 살아가야 할 곡식 거두어들인다는 것은
공장에서 물건 찍어내는 일이 아니다
봄부터 농부의 피땀으로 영글어 간 소중한 먹거리
하찮게 여기지 않고 흐실없이 거둬들여야 한다
돈이 많고 부자로 사는 사람도 먹지 않고는 못 산다
잘 먹고 잘 산다는 것은 등 따습고 배가 부른 것이다
내 배가 부르면 남 배고픔 잊는 것이 인간사이다
낮은 곳 보살피며 살아야 한다
그곳에도 사랑이 있고 행복 추구하는 사람이 산다
한 톨의 곡식 알갱이가 유실되지 않게 수확하여
어렵게 살아가는 사람 한 명이라도 더 도와야 한다
배고파서 한숨지으며 눈물 흘리지 않게 손잡아야 한다

쌀

저 파란 하늘 노닐던 별똥별이
남몰래 쏟아져 앉은 황금물결 바다
벼 실은 짐차 논둑길 곡예하며
나의 집 텅 빈 곳간 가득 쌓아올린 풍요

온 가족이 둘러앉은 식탁에는
건강하게 키워주는 어머니의 요술램프가
진주보다 귀한 아버지가 흘린 땀방울로
온몸에 녹아들도록 요리해 주는 사랑

몸과 마음 가득 채운 그 사랑 그 힘으로
세상 이끌어 갈 원대한 꿈 키우며
부모님의 건강한 삶 영원하길 주문한다

소중하니까 물어본다

쌀 한 톨
밥알 하나라도
함부로 버리지 마라

땡볕 아래서 너는
피땀 흘려본 적 있느냐

진리(眞理)

돈 있으면
텅 빈 쌀독
채울 수 있지만
흉년 들면
황금으로도
채울 수 없다

배고플 땐
먹거리 식량
돈보다 귀하고
먹지 못하면
귀한 우리 몸도
낙엽처럼 진다

제5부

쓸모없는 삶은 없다

천명(天命)

하늘이 내게
농자천하지대본 일깨워 주었나니
인류 생명 창고 활짝 열고
곳간 가득 농심을 채웠다

단군 이래
등 따습고 배부른 시절
누려본 적 없는 대한민국
선진국 반열에 초석 다진 농업
이 자리에 떳떳이 섰다

보릿고개 넘어 배고픔 잊게 한
녹색 혁명
1년 내내 신선한 채소를 먹게 한
백색 혁명
농촌지도사업을 발전시킨
연구와 지도

내 나라 넘어
배고픔 해결해 주려
전 세계 일깨우는 선각자의 삶

오늘도
사람다운 삶을 위한
인류의 행복 찾아
흙을 어루만진다

창순루

동궐도에 그려진 반타원형 둥근 지붕
창살 없는 문과 섬돌 놓여 있는 쪽마루가 있고
마당엔 붉은 꽃 핀 화분 놓여 있다

겨울철 왕대비 전에 꽃을 올리기 위해
정조대왕이 운영했던 효심 깊은 온실

한지에 기름 발라 투명창을 만들고
살창에 한지 붙여 빛이 잘 들어오게 하고
볏짚으로 거적 엮어 추위를 막아주고

구들을 데워주기 앞서 가마솥 물 끓여
실내 온습도 높여주며
황토로 따스한 공기 새지 않게 보호해 주니

식물이 자라지 않을 수 없었던
세계 최초 과학영농 조선 온실

귀농 1

장밋빛 꿈은 버려라
계산기 두드리지 마라

맑은 공기 마시며
살아 숨 쉬는 산나물
밑반찬으로 준비하고
흙에서 땀 흘리는 일
할 수 있거들랑
사랑하는 님 함께 오라

손발 맞춰 밭이랑 두둑 쌓고
씨앗 뿌리고 심고 키우며
먹을거리 장만하고 남은 것
나눠주며 살 수 있으면
전원생활하며 함께 살자

텃밭농사

도시 근교 자그마한 밭을 일궈
아가들과 흙에서 소꿉놀이 한다

회색빛 콘크리트 상자 벗어나
자유스럽게 하늘이 내리는 공간
땅따먹기 해가듯 심는 모종

봄이면
묵은 식탁에 신선함 일으킬 상추 쑥갓
장마 전에 수확할 감자 3, 4월에 심고
싱싱한 풋사랑 입 맞출 고추
건강에 좋다는 가지 토마토 4, 5월에 정식하고
여름이면 참깨 들깨 콩 모종 이식하고
가을이면 마늘 심으며 한 해 농사 정리한다

상강(霜降)

논두렁에
서리태 콩 심었습니다

허수아비가
먹이 찾아 날아드는 새들과
날마다 숨바꼭질 하네요

찬 이슬 맞으며
내 마음은
파랗게 영글었습니다

교훈(敎訓)

지난여름
땀방울 녹여가며 자란
내 사랑하는 자식들
가슴 가득 차올라
고개 숙이는 이치
깨닫지 못한 영혼은
황금 들녘
빈 낱알처럼
고개 꼿꼿이 세운다

귀농 2

텃밭에서
풀을 뽑아본 적 있지요

도시 삶에서
체험해 보지 못하고
귀농하여 겪은 농사일

피멍 든 삶이란 걸
이제사 깨달았습니다

어떻게 할까요

시골을 떠나
반생을 도시에서 살았습니다

마음 한구석에
늘 자리하고 있는 고향
할 일 없으면 농사나 짓지
편한 맘으로 귀농했는데

날마다
밤마다
계산기 두드려도 답이 없는 현실
어떻게 할까요

원죄와 무죄

누가
음식물 분리 통에
사랑을 버렸느냐

1년 내내
사랑을 위하여
허리 펴지 못하고
수확했을 생명 줄

제아무리
등 따습고 배불러도
그리하면 안 되는 것을

아가페 사랑이
이 사실 알면
얼마나 서글플까

달집태우기

달이 떠오릅니다
둥근달이 떠오릅니다

하늘 높이 세운 달집
달맞이 불빛 따라
어둠을 불 밝힙니다

달빛 아래
한마음으로 달무리 그리며
사는 세상 안녕을 맞이했지요

가슴이 선한 사람들
곳간 넘쳐나는 풍년 농사
행복 가득하길 기원했습니다

쥐불놀이

밤하늘에
달무리 그립니다

달은
하늘에 원 그리고
나는
어둠에 원 그렸지요

까만 허공에다
연필로 그리기 어려워
카메라 셔터 눌렀습니다

쓸모없는 동식물은 없다

동물을 키우고 식물을 재배하는 삶에도
농부는 행복 찾으며 산다
세상에 쓸모없는 것은 아무것도 없다

사람이 먹지 않는 풀은 동물이 먹으며 살아가고
인간에게 필요한 영양소 공급한다
농부가 식탁에 올려준
주식과 과일이며 채소, 고기와 단백질 공급해 주지만
생명을 이어 나가면서도 지폐 몇 닢에 감사를 모르고 산다

너른 들에 나가 땀 흘리며
밭 일구고 논갈이 하며 씨앗과 모종 심어 보라
배 아파 낳은 자식이 소중한 것처럼
네가 뿌리고 심은 농작물이 무럭무럭 자랄 때
그대 가슴에 작은 기쁨이 다가올 것이다

그 삶이 얼마나 고되고 뼈를 깎는 것인지
체험하지 못한 사람은 알 수 없다
모든 것이 돈으로 다 된다고 믿는 삶
그대 생각처럼 안 된다는 것을 언젠가는 겪을 수 있다

겨우살이

네 몸에
내 뿌리 깊이 내린다

홀로 살 수 없는 기생충처럼
남의 몸 빌어 살아간다

네가 살면 나도 살고
네가 죽으면 나도 죽는다

어쩌면
그렇게 살 수밖에 없는
기생식물인 나의 운명

동행

농업기술센터* 정문 길에
은행나무가 줄지어 있다

겨우내 메말랐던 표피
봄비에 젖은 몸 핏기 돈다

그리운 님들의 배움터
생기 넘치는 농업의 터전

천년을 이어나갈 꿈
단단하게 커간다

* 농업기술센터 : 평택시 농업기술센터.

새싹

내 가슴에
생명이 튼다

동토의 세월
님 생각에
잠 못 이룬 밤
아지랑이 사랑 담아
그 가슴에 전해준다

비 갠
이른 아침
희망찬 조국
온 누리 가슴에
푸른 싹 솟아난다

은행나무

서울에서 부산까지 이어진 1번 국도
점촌마을 도로변에 서 있는 가로수
갖은 풍파 견뎌내며 어려움 이겨내고
가을이면 감성 어린 노란 비 내려준다

천년 고찰 나무처럼 멋진 모습
꿈이야 꾸겠지만
하늘 향해 높이 오르지 못하고
단칼에 잘리는 아픔

남아 있는 줄기에서 새 가지 키우고
새잎 가득 싹 틔우며
천년 살길
마음 한가득 담아 님께 기도한다

무궁화

왼쪽 가슴에 달은 금배지
그 값어치도 할 수 없다면
국민 팔며 세비 받지 마라

시도 때도 없이 팔아먹는
머슴들 그대의 입에 발린 소리
우린 너무 들어 신물이 난다

백성은 안중에도 없는 당파 싸움
반대를 위한 반대 하지 말고
영혼 없는 거수기 노릇 그만하라

옳은 일은 칭찬하며 힘 실고
국가의 미래 위해 헌신하며
잘 사는 날 언제 올지 걱정하라

콩나물

나는
너에게
물 주려 한다

너는
그 물 받아먹고
무럭무럭 자라야 한다

사는 곳이 비좁고
어두운 곳일지라도
호연지기 키우면
어찌 물 주지 않을 수 있으랴

향나무

나는 향나무이고 싶다

이른 봄 알리는 매화나무보다도
화려한 꽃 피우는 동백나무보다도
늦가을 울긋불긋 단풍나무보다도
아름답지도
화려하지도 않지만
항상 그 자리에 서서
상록수로 살고 싶다

때론
매화꽃 동백꽃 피어내고
언제나 변함없는 푸르름 주며
이 세상에서 행복하게 살고 싶다

화려함은 잠시 스쳐가고
아름다움은 영원할 수 없기에
누군가의 소망을 들어주고
누군가의 행복을 빌어주며
기쁨이 넘치는 세상에서 살고 싶다

모정(母情)

어머니가 베푸는 따스한 정 한 아름 안고
비좁고 허름한 생활공간서 키워 온 호연지기
세월이 지난 어린 시절 옛 추억 생각해 보니
그 시절의 몸 비비던 삶이 아름다웠다

어머니는 콩나물밥 한 솥 해 놓으시고
많이 먹어라 많이 먹어라 재촉하시며
당신은 밥알 없는 콩나물만 드시고
자식 입에 밥알 하나라도 더 넣으셨다

부모가 되어 그 시절 어머니를 생각하니
잘 먹은 자식들 얼굴에는 기름기 흐르는데
아직도 어머니의 얼굴에는 핏기가 없어
가시고기 되시는 것 같아 가슴이 아파옵니다

원두막

나의 밭 원두막에 앉은 여름이
태양을 잉태한 알록달록 수박 보며
녹음의 바다를 떠돌고 있는 한낮

그림자마저 불덩이 피하는 정오
구름은 태양 뒤에 숨어 숨죽이고
바람은 나뭇잎에 걸려 까딱없는데

미루나무 그늘 뒤 바람난 매미
사랑 찾느라 부르는 노래에
정지된 한여름 적막 화들짝 깬다

농부

구름이
하늘에
커튼 드리웠습니다

온실에는
부직포 커튼이
냉기 막아주지요

내 가슴에는
그대 사랑이 넘쳐흘러
행복한 하루 열었습니다

문학세계대표작가선 1025

농자천하지대본(農者天下地大本)

진영학 시집

인쇄 1판 1쇄 2024년 7월 18일
발행 1판 1쇄 2024년 7월 25일

지 은 이 : 진영학
펴 낸 이 : 김천우
펴 낸 곳 : **문학세계** 출판부 / 도서출판 천우
등 록 : 1992. 2. 15. 제1-1307호
주 소 : 서울시 광진구 구의강변로 85 강우빌딩 7F
전 화 : 02)2298-7661
팩 스 : 02)2298-7665
http://cafe.naver.com/chunwu777
E-mail : cw7661@naver.com

값 15,000원

* 이 도서는 평택시, 평택시문화재단, 경기도, 경기문화재단 「2024년 모든 예술31(경기예술활동지원)」의 지원을 받아 발간 · 제작되었습니다.

ISBN 978-89-7954-936-2